en Calle de la Lectura

MELVIN TIENE SUEÑO

Glenview, Illinois • Boston, Massachusetts • Chandler, Arizona
Shoreview, Minnesota • Upper Saddle River, New Jersey

¡Alto! El tren pasa.

3

 Melvin se para.

Oye los sonidos de Melvin.

¿Melvin? ¿Melvin? ¡Melvin!

¡Sigue, Melvin, sigue!